公開霊言

横井小楠

日本と世界の「正義」を語る

起死回生の国家戦略

大川隆法

RYUHO OKAWA

まえがき

この文を書いている今、配達されたばかりの新聞夕刊には（朝刊休刊日）、「オスプレイ配備撤回」を求めて、宜野湾市《ぎのわんし》の海浜公園で公称十万人の沖縄県民大会が昨日開催されたことを伝えている。ごていねいに「青い空　私たち県民のもの」といった見出しをつけた左翼新聞もある。

しかし、本書で語られた横井小楠《よこいしょうなん》の考えによれば、「国民が『中国の属領になりたい』という意思表示をするなら、どうにもならないわな。沖縄には、そういうところがあるんじゃないか。そういう状態に、日本全体がなるかどうかだ。」ということになる。少なくとも、沖縄県民で、左翼運動に取り憑《つ》かれている多数の人たちは、八月の「竹島事件」や「尖閣諸島事件」からも何も学んでいないらしい。中国の友情は、「熊の友情」である。あなたがたの頭に止まったハエを、石のかたまりでたたきつぶしてくれるだろう。ハエは死ぬが、沖縄も日本も、国家としては死滅するかもしれない。

「幸福維新」には、未来の設計図が必要なのだ。

二〇一二年　九月十日

幸福《こうふく》の科学《かがく》グループ創始者兼総裁《そうししゃけんそうさい》　大川隆法《おおかわりゅうほう》

横井小楠　日本と世界の「正義」を語る　目次

まえがき　1

横井小楠《よこいしょうなん》　日本と世界の「正義」を語る
——起死回生《きしかいせい》の国家戦略——

二〇一二年九月四日　横井小楠の霊示《れいじ》
東京都・幸福の科学　教祖殿《きょうそでん》・大悟館《たいごかん》にて

5

「失われた二十年」への総括《そうかつ》を　74

「霊言現象《れいげんげんしょう》」とは、あの世の霊存在の言葉を語り下ろす現象のことをいう。これは高度な悟《さと》りを開いた者に特有のものであり、「霊媒現象《れいばいげんしょう》」(トランス状態になって意識を失い、霊が一方的にしゃべる現象)とは異なる。

なお、「霊言」は、あくまでも霊人の意見であり、幸福の科学グループとしての見解と矛盾《むじゅん》する内容を含《ふく》む場合がある点、付記しておきたい。

横井小楠《よこいしょうなん》 日本と世界の「正義」を語る

――起死回生《きしかいせい》の国家戦略――

二〇一二年九月四日　横井小楠の霊示《れいじ》
東京都・幸福の科学教祖殿《きょうそでん》 大悟館《たいごかん》にて

横井小楠《よこいしょうなん》（一八〇九～一八六九）

熊本藩士《くまもとはんし》。儒学者《じゅがくしゃ》。「維新《いしん》の十傑《じっけつ》」の一人。藩校・時習館《じしゅうかん》で学び、藩命で江戸《えど》に遊学、その後《ご》、熊本藩にて藩政改革を試みるが、やがて福井《ふくい》藩に招かれ、福井藩の藩政改革を指導し、福井藩主・松平春嶽《まつだいらしゅんがく》が幕政に参画すると、その知恵袋《ちえぶくろ》として参勤交代《さんきんこうたい》の緩和《かんわ》などを推進した。富国強兵等を説いた「国是《こくぜ》三論」や、幕政改革の指針を示した「国是七条」は、明治維新にも大きな影響《えいきょう》を与《あた》え、明治政府成立後、参与《さんよ》に任じられたが、明治二年に暗殺された。

質問者　※質問順

酒井太守《さかいたいしゅ》（幸福の科学宗務《しゅうむ》本部担当理事長特別補佐《ほさ》）

仲村真里依《なかむらまりえ》（幸福の科学理事　兼《けん》　宗務本部第二秘書局長）

［役職は収録時点のもの］

1　明治維新《いしん》期に現れた思想界の巨人《きょじん》

勝海舟《かつかいしゅう》から「天下で恐《おそ》ろしいもの」と評された一人

大川隆法　先日（二〇一二年の八月十七日と八月二十八日）、明治維新《いしん》の思想家である、佐久間象山《さくましょうざん》と橋本左内《はしもとさない》の霊言《れいげん》を収録しました（『佐久間象山　弱腰《よわごし》日本に檄《げき》を飛ばす』『橋本左内、平成日本を啓発《けいはつ》す』〔共に幸福実現党刊〕参照）。

その流れからいくと、「横井小楠の霊言を出さなければいけないのではないか」と考えています。

佐久間象山と横井小楠は、「明治維新期における、日本の思想界の巨人《きょじん》」と言われた方々です。

横井小楠は肥後熊本《ひごくまもと》の方で、藩校《はんこう》の時習館《じしゅうかん》で学んだ俊才《しゅんさい》です。先般《せんぱん》録《と》りました橋本左内の霊言について、今朝《けさ》、本の校正をし、「まえがき」と「あとがき」を書いたのですが、その橋本左内が、二十代にして福井藩の藩政を担《にな》い、奔走《ほんそう》しているときに、何度も熊本まで足を運んで、「福井までお越《こ》しいただけないか」と言って招聘《しょうへい》に努め、福井藩の最高の政治顧問《こもん》に就《つ》いていただいた方が横井小楠です。

この福井藩には、松平春嶽《まつだいらしゅんがく》という藩主がいて、大名の立場ではありますが、明治維新期に非常に大きな力のあった方の一人です。坂本龍馬《さかもとりょうま》は、この方のところに借金をしに行ったことがあります。

明治維新期には、いろいろな人たちが、さまざまな人的交流を行い、優《すぐ》れた人物を求めて動いていました。

私が横井小楠の名前を知ったのは、『氷川清話《ひかわせいわ》』で勝海舟《かつかいしゅう》が彼を評している言葉を読んだからですが、その印象は非常に強かったと言えます。

勝海舟は、『氷川清話』のなかで、明治維新期のことを振《ふ》り返っていますが、「私は天下で恐《おそ》ろしいものを二人見た。その一人は横井小楠で、もう一人は西《さい》郷隆盛《ごうたかもり》だ」と述べています。

横井小楠は、勝海舟ほどの人から見ても、化《ば》け物《もの》に見えたぐらいの人物だったらしいのです。

なぜ横井小楠がそれほど怖《こわ》いのでしょうか。勝海舟は、まだ幕臣だったころ、「横井小楠の思想を、実践《じっせん》家、実際家である西郷隆盛がやってのけたら、幕府は倒《たお》れるぜ」と予言したそうです。

「それぞれがバラバラだったら駄目《だめ》だけど、横井の思想をやってのける人がいたら、幕府を倒せる。それをやってのけることができる人としては西郷がいる。西郷が横井の思想を担《かつ》いだら、幕府は倒れる」と、明治維新のかなり前に、勝は予言のように言っていたのです。

現実は、そのとおりになりました。

したがって、「横井小楠の思想を、西郷隆盛が実践してのけた」というのが、別の見方から見た、明治維新の実相です。

橋本左内は、この横井小楠を認め、有名にした人の一人でもあると思います。

横井小楠は還暦《かんれき》ぐらいまで生きたのですが、明治二年に京都で暗殺されています。新政府の参与《さんよ》になったものの、その手腕《しゅわん》を発揮することなく亡《な》くなられた人物ではあります。

この方は儒学者《じゅがくしゃ》であり、日本の伝統的な学問を修めた方ではあるわけですが、思想的には大きな影響力《えいきょうりょく》があったと言われています。

勝海舟をして、「恐ろしいものを見た」と言わしめた人は、どのような人物なのでしょうか。私は、まだ直接に話をしたことがないので、今回、できるだけ調べておきたいと思います。

佐久間象山も、呼び出してみたら、やはり、〝恐ろしいもの〟の一つではあり、「恐ろしいな」と思ったのですが、横井小楠という人は、どのくらい恐ろしい人なのでしょうか。

ただ、現代人は横井小楠のことをあまり知らないでしょう。日本史でも勉強していないと、彼の名前を聞いても分からない人も多いかと思います。

明治維新《いしん》には複数のストーリーが用意されていた？

大川隆法　明治維新《いしん》期も、やはり国難の時期ですし、言ってみれば、どちらが右翼《うよく》で、どちらが左翼か、分からない時代ではありました。

江戸《えど》幕府を守る側が保守のようでもあるので、幕府側に立ち、維新の志士たちを倒しているほうが、保守に見えていたわけですが、「尊皇攘夷《そんのうじょうい》」と言ったり、「倒幕《とうばく》」と言ったりしていた人たちが、天皇を推戴《すいたい》して「錦《にしき》の御旗《みはた》」を掲《かか》げ、「王政復古」を目指したら、今度は、こちらのほうが保守に見えます。

そのため、「どちらが右翼で、どちらが左翼か、分からないような時代であったのではないか」と感じられます。

明治維新期には、そうした「時代の混沌性《こんとんせい》」があるのです。

また、実際には、薩摩《さつま》と長州《ちょうしゅう》が中心になって幕府を倒し、新政府をつくったわけですが、人材の配置等を見ると、福井や熊本、土佐《とさ》にも、明治維新という革命を起こす種は播《ま》かれていたことが分かります。

もし薩長《さっちょう》が駄目でも、福井や熊本、土佐から何かが起きたかもしれません。ストーリー的には複数のものが用意されていた可能性があると思います。

土佐では勤王党《きんのうとう》が弾圧《だんあつ》されましたが、もしかすると、ああいうものが立ったかもしれません。また、時習館を中心とした肥後熊本からも、何かが立ち上がったかもしれません。

福井藩においても、橋本左内が「安政《あんせい》の大獄《たいごく》」で殺されておらず、生き長らえていたら、この人が中心になって、新しい思想と運動が起き、倒幕に向かったかもしれないと思います。

このように、複数のルートが考えられていたのではないかと思われます。

ただ、その間《かん》に名前を成さずしてなくなった巨人も、あるいは数多くいたのではないかと考えられるのです。

新しい起爆剤《きばくざい》になる可能性がある「横井小楠の霊言《れいげん》」

大川隆法　勝海舟をして、「天下で恐ろしいものを二人見た」と言わせた者のうちの一人を、今日は呼んでみます。

私は、まだ本当に話をしたことがないので、いったい、どのような方なのか、分かりません。

どのような展開になるかは分かりませんが、どういう相手にも耐《た》えうるような人が、今日は質問者として立っているので（笑）、どうか頑張《がんば》ってください。（酒井に）もう、怖いものはないでしょう？　怖い霊人《れいじん》をたくさん相手にしてきましたからね。

日本には、霊能者が、もしかしたら、何千人、何万人といるかもしれませんが、「横井小楠を呼んでみなさい」と言われても、そう簡単に呼べるものではないでしょう。

もっと有名で、はっきりとしたものが遺《のこ》っている、誰《だれ》もが知っている人なら、その人をまねできることもあるかもしれませんが、恐山《おそれざん》のイタコだろうと、沖《おき》縄《なわ》のユタだろうと、「横井小楠を呼べ」と言われて、そう簡単に呼べるものではありません。

「波長同通の法則」というものがあるため、政治的思想や哲学《てつがく》的思想、国家についての考え方を持っている人でなければ、横井小楠と同通することはないと考えられます。

そういう意味で、霊言は、別の意味での「霊界《れいかい》の証明」でもあります。

それと同時に、今、実際に明治維新を起こした人たちの意見を聴《き》くことは、本当に大事なのではないかと思います。

現在、新しい「日本の維新」を考える動きが活発ではありますが、明治維新を経験した方は、今の日本を見て、何を思い、何を言い、何をアドバイスするのでしょうか。

「幸福実現党の活動は、各分野で重要な立場にある方に影響を与えている」と信じてはいますが、われわれが、国政のレベルでは、まだ、統計数字に表れない程度の政治勢力としてしか扱《あつか》われていないことを、残念に思っています。

横井小楠は勝海舟や坂本龍馬に思想的影響を与えましたが、それが明治維新にも大きく影響しました。

今回、「横井小楠の霊言」を発表すれば、おそらく、少なくとも数万の方は、これを読むでしょうが、枢要《すうよう》な人物、まさしく読むべき人物が読んだならば、新しい起爆剤《きばくざい》になる可能性があるのではないかと考えている次第《しだい》です。

明治維新《いしん》の時代の思想家、横井小楠を招霊《しょうれい》する

大川隆法　では、始めましょうか。

（合掌《がっしょう》し、瞑目《めいもく》する）

明治維新《いしん》の時代の思想家にして、熊本藩、そして福井の地でも辣腕《らつわん》を振るわれました、横井小楠の霊《れい》をお呼びしたいと思います。

横井小楠の霊よ、幸福の科学大悟館《たいごかん》に降臨したまいて、われらに、政治のあり方、日本の今後のあり方、今の国難への処し方、その他《た》、考えるところあらば、お教え願いたく存じます。

横井小楠の霊、流れ入《い》る。

横井小楠の霊、流れ入る。

横井小楠の霊、流れ入る。

横井小楠の霊、流れ入る。

横井小楠の霊、流れ入る。

横井小楠の霊、流れ入る、流れ入る、流れ入る、流れ入る。

（約十五秒間の沈黙《ちんもく》）

2　明治維新《いしん》を成功させた「思想の核《かく》」

軍事的な行動家には思想的権威《けんい》付けが必要だった

横井小楠　アー、ハッ。

酒井　横井小楠先生でございましょうか。

横井小楠　ううーん。もう忘れられているかと思っておったがなあ。

酒井　いやいや、とんでもないです。

本日は、幸福の科学大悟館《たいごかん》にご降臨を賜《たまわ》り、本当にありがとうございます。

今、日本では、「維新《いしん》」という言葉を使って政治活動等がかなり広範《こうはん》に行われていますが、それについてお訊《き》きする前に、まず、勝海舟《かつかいしゅう》先生が「恐《おそ》ろしい」と述べた、その思想の一端《いったん》をお教えいただければと存じます。

横井先生は、明治維新に当たって、どのようなお考えを実践《じっせん》しようとしておられたのでしょうか。その思想の核《かく》になる部分を、私たちに教えていただけますでしょうか。

横井小楠　私は儒学者《じゅがくしゃ》であるからして、恐ろしい思想など、持った覚えはありませんけどねえ。顔が怖《こわ》かったんじゃないかなあ（笑）。ええ？

酒井　いや、それ自体が国を変えるぐらいの、大きな……。

横井小楠　そんなはずはないよ。孔子《こうし》は二千五百年も前の人なんだから、その人の思想が、そんなに恐ろしいことはない。研究され尽《つ》くした思想だし、私は、洋学をやった者ではなく、今で言えば、漢文の先生のようなものだから、その思想が、そんなに恐ろしいはずはないさ。

やっぱり、容貌魁偉《ようぼうかいい》であったために怖かったんだよ。

酒井　いやいや、横井先生の「国是三論《こくぜ》」や「国是七条」などが、「船中八策《せんちゅうはっさく》」や「五箇条《ごかじょう》の御誓文《ごせいもん》」等に反映されていったと伺《うかが》っております。

横井小楠　弟子《でし》筋が、そういうものを実践していったことは、あろうとは思うけどな。君らの時代とは違《ちが》うから、そんなに思想を持ってもなあ。

君らは、本を出しても、それが一億何千万の人に読まれたりはしないから、「内容が伝わらない」ということで、イライラしておるようだけどな。「横井小楠の霊言《れいげん》」なんか出したって、こんなものは、日本史ファン、明治維新ファンが読むぐらいで、宗教の信者であっても、知らんものは知らんから、読んでくれないいんでね。

だいたい、名前が読めんから。以前、横井庄一《よこいしょういち》という……。

酒井　そういう人もいました（笑）。

横井小楠　引き揚《あ》げ損《そこ》ねた日本人はおりましたがなあ（注。太平洋戦争中、グアム島で戦ったが、終戦後もグアム島のジャングルで生活を続け、一九七二年、日本に帰還《きかん》した）。そちらのほうは知っていても、「横井小楠は知らない」という人はいるかもしれない。

ただ、そうがっかりするものではないよ。当時にしたって、わしの名を知っとった人間が、三千万の日本人のなかに、いったい何人いたかというと、「維新の志士たちに隅《すみ》から隅まで知られていた」というほどでもなかろうからさ。

もちろん、熊本《くまもと》の時習館《じしゅうかん》関係者は知っていただろうし、維新の中心的な人物のなかには、わしの名前を知っていた者もいる。

また、革命家としての軍事的な行動家には、何らかの思想的権威《けんい》付けが必要だから、そういう意味で引き合いに出されたことはあったわな。

明治二年（一八六九年）に死んだけど、還暦《かんれき》で死んでいるから、けっこう長生きしたじいさんなわけさ。明治維新の志士は、みんな若くて、二十代ぐらいが多かったけど、わしは年を食っとったから、一種の権威に見えとっただけのことさ。だから、それほどのものじゃないが、いろいろなことについて、アドバイスはしておったな。

明治維新《いしん》は上からと下からの〝サンドイッチ型革命〟

横井小楠　「幕府を倒《たお》そう」という運動は、もう起きてはおったけど、「そのあとを、いったい、どうするのか」というビジョンを描《えが》けるかどうか、そこのところが大事だった。そのビジョンが描けないで、単に幕府を倒しただけじゃ、反乱軍で終わるからな。「そのあとに何を持ってくるか」ということを、維新《いしん》のリーダーたちと議論を交《か》わして考えねばならない。

洋学をやった開国論者もいるけれども、私のように儒学をやっても、時流を読んで、「江戸《えど》幕府の鎖国《さこく》時代はもう終わりにすべきかな。そろそろ、この考えは改めねばならないな」と考えた者もおるわけだ。

また、儒学の精神を用いて王政復古型の革命を起こせば、要するに、徳川家よりもっと古いものを持ってきて権威として立てれば、幕府を倒せるんだな。だから、明治維新は非常に複雑で、「上からの革命」と「下からの革命」が同時に起きたんだよ。実は、〝ハンバーガー型革命〟が起きて、上と下から〝パン二枚〟で挟《はさ》み込《こ》んだのさ。これが明治維新という革命の特徴《とくちょう》だな。

下からの革命だけだと、幕府の要職にある者をみな斬首《ざんしゅ》にし、それで終わっただろうな。ところが、上から被《かぶ》せた〝パン〟があって、上下《うえした》で挟んだため、幕府の要職にあった者には生き長らえた者も多い。一部は処刑《しょけい》されたけどね。

革命ならば、「明治期に徳川の第十五代将軍が生き延びる」というのは、本来、ありえないことだけれども、このへんがフランス革命とは大いに違ったところだわな。

だから、「洋学革命だけではなく、伝統的な儒学の思想も入った革命だった」と言えるね。

「ハンバーガー」と言ってはいけないかな。「サンドイッチ」と言ってもいい。〝サンドイッチ革命〟だったんだよ。

そのへんが非常に複雑怪奇《かいき》ではあったんだけど、その複雑怪奇な革命に正当性を与《あた》える人間が必要であったわけだ。

身分制社会が三百年近く続いており、維新の志士たちには下層の武士が極《きわ》めて多かったから、「下層の者たちが、大名以下、上にいる者たちを、みな、失業に追い込み、あるいは斬《き》り倒していく」っていうような、テロ型革命が続く可能性もあったわけよ。

勝《かつ》さんは、幕府側の人間だったけど、「幕府は腐敗《ふはい》して潰《つぶ》れる」と読んどったから、「幕府を倒さないといかん」と思っていた。幕府から見れば、彼は「獅子身中《しししんちゅう》の虫」かもしれないけど、梁山泊《りょうざんぱく》（中国の伝奇小説『水滸伝《すいこでん》』における、英雄《えいゆう》たちの拠点《きょてん》）のような感じで、革命分子をたくさん囲い、養っておった、変な人だよな。

「こういう人たちが、革命において、惨《みじ》めな最期《さいご》を遂《と》げないようにするには、どうするか」ということを考えると、王政復古型の革命を起こし、天皇を立て、その権威の下《もと》で、新たに洋風の議会制民主主義を行うことが必要だったし、そのためには、諸藩《しょはん》の代表が相集《あいつど》って議論するような場をつくる必要があった。

そして、「身分を問わず、学問の力によって、いろいろな人を実力主義で取り立てていく世の中にしなければ、日本は欧米《おうべい》社会についていけんだろう」と言えたけど、「儒学だって使えんわけではない」ということかな。

だから、お互《たが》いに、いろいろと影響《えいきょう》し合っていると思うんだよな。

龍馬《りょうま》にしたって、下級武士の郷士《ごうし》だから、「大名など、上司の面々を倒して上に立つ」ってことには、なかなか大変なものがあったからな。

だから、革命のなかに貴族も巻き込んだ。貴族というか……。

酒井　公家《くげ》ですか。

横井小楠　うん。それ、公家だな。天皇家と公家を巻き込んだ。そういう〝サンドイッチ型革命〟にしたところに、私の一つの味があったかなと思う。

酒井　そういうビジョンがあったわけですね。

横井小楠　そうそうそう。

天皇家と公家《くげ》を取り込《こ》み、「無血革命」を実現した

横井小楠　まあ、戦争だから、死んだ人も、けっこういるけれども、ある意味で、明治維新は「無血革命」とも言われているよな。

酒井　そうですね。

横井小楠　肝心《かんじん》なところでは無血革命であったことは事実だわな。

酒井　「横井先生は、その大切な無血革命の部分を担《にな》われていた」と捉《とら》えてよろしいのでしょうか。

横井小楠　西郷隆盛《さいごうたかもり》だってそうだし、勝海舟《かいしゅう》だってそうだが、「江戸城明け渡《わた》し」で交渉《こうしょう》した二人とも、私の弟子とまでは言わんけれども、思想的影響下にあった人物だからね。二人とも私の教えを受けている。私の教えを受けた人物同士が江戸城で会談をして、「無血開城」をしたんだろう？

だから、フランス革命型の、上にいる者に対する皆殺《みなごろ》し型革命にはならなかったんだな。

酒井　横井先生は、非常に大きな役割を担い、日本の繁栄《はんえい》に尽くされたわけですね。

横井小楠　もちろん、「維新の志士」対「新撰組《しんせんぐみ》」のような斬り合いは、たくさんあったとは思うけど、江戸という百万都市が火の海にならなかったことには、私の思想的影響がそうとうあったと思うよ。

酒井　ええ。それは本当に……。

横井小楠　重要なのは、「天皇家と公家《くげ》を引きずり込《こ》んだ」っていうことだな。

酒井　なるほど。そこまで考えて、理論を構築されたわけですね。

横井小楠　そうそう。

酒井　「この構想力が明治維新を成功させた」と……。

横井小楠　そうかどうかは知らんけど、「一翼《いちよく》を担った」っていうことだな。

酒井　分かりました。

横井小楠　佐久間《さくま》（象山《しょうざん》）さんのほうは、洋学の影響もかなりあっただろうから、「むやみに外国と戦っても、勝てはしない。大砲《たいほう》の研究をしないと、異国船と戦えない。兵学や砲術学等を学び、近代洋学思想に基《もと》づいて、近代的な軍事の開発もやらなければいけない」っていう思想を持っておったと思う。

私のほうは、「幕府を倒す力として、天皇家や公家という伝統的なものも取り込んでしまい、挟み撃《う》ちにして、サンドイッチ革命にしてしまえ」っていう思想かな。

酒井　なるほど。

3　日本の戦後体制を見直す

六十年以上続いた戦後体制がグラグラしてきている

酒井　儒学者《じゅがくしゃ》である横井先生には、政治の「王道」と「覇道《はどう》」、政治の善悪を見る目が非常におありになったわけですが、その目でご覧になったとき、現在の政治家たちに足りないものは何でしょうか。現代の政治家で「維新《いしん》」を語っている者たちもいますが、本当の王道政治を行う上で、今、何が問題となっており、何を解決しなければいけないのでしょうか。

横井小楠　今、問題になっているのは、結局、「戦後体制の見直し」なんだろう？

明治維新体制は、先の大戦の終了《しゅうりょう》をもって、いったん崩《くず》れた。そのあと、マッカーサーの占領下《せんりょうか》における体制が敷《し》かれ、その流れで戦後体制が続いたんだろうけど、それが六十七年か続いて、グラグラしてきており、「何をもって柱とするか」ということが問題になっているわけだな。

三年前に民主党の政権ができたけど、これは疑似左翼《ぎじさよく》革命だったわな。

戦後、「安保闘争《あんぽとうそう》」が二回あって、いずれも左翼が敗れた。

そのあと、ソ連邦《れんぽう》が崩壊《ほうかい》し、もう一回、左翼が敗れるチャンスがあったのに、左翼は敗れず、むしろ、二十年間、日本資本主義のほうがぶっ潰《つぶ》された。左翼のマスコミも活動家も潰れず、「日本資本主義が悪い。金儲《もう》けが悪い」ということで、資本主義精神のほうが潰されたわけだ。

そして、ソ連崩壊から二十年近くたち、アメリカのウォール街を発端《ほったん》として金融《きんゆう》危機が起きたため、左翼の活動家には、「資本主義は、やっぱり、恐慌《きょうこう》を起こし、崩壊に向かうのかな」という思いが出てきた。西洋のマルクスとかいう人の思想が的中することを、左翼の活動家は、みな、願っているからね。

マルクスの本をもう誰《だれ》も読まんのだけど、「資本主義は、金儲けの極《きわ》みまで行《い》ったら、結局、恐慌を起こして崩壊する」っていう、マルクスの予言だけは遺《のこ》っているわけよ。

左翼の活動家は、その予言が成就《じょうじゅ》することをずっと待っていたわけだけど、そこに金融危機が起きたため、「とうとう予言が成就する。ソ連だけではなく、ついにアメリカも崩壊するぞ」と考え始めたんだ。

この前の金融危機は何と言われていたかな？

酒井　「リーマン・ショック」ですか。

横井小楠　そうそう。

左翼の活動家は、「ソ連は崩壊したけど、アメリカだって崩壊すれば、これで互角《ごかく》だな。帳消しになる。しかし、中国型は生き延びており、経済では市場開放をしたけど、政治のほうでは共産主義体制で成功するかもしれない」と考えている。

そして、中国がこれに成功すれば、戦後、二回起きた、左翼革命の安保闘争の路線についても、「安保闘争が勝利していたら、この路線は成功していたのではないか」というようなことが言えるわけだ。

時代的には、今は、そういうところに当たっており、「この考えが、合っているか、いないか」っていうことが、今、検証されているところだな。

だから、今、左翼側が巻き返しに入ってはいる。

ただ、三年間、政権を担《にな》った、日本の民主党の評判は悪い。

それはアメリカも同じだ。アメリカのオバマ政権も、四年目で評判が悪くなり、「保守側が奪回《だっかい》するかどうか」という状況《じょうきょう》になっている。

日本のほうも、「保守型で、対外的にも強気で出る政権」に戻《もど》るかどうか、今、揺《ゆ》れているところだね。

だから、戦後体制のあり方について、「何をもって正しいとするか」ということが、いちばん大事だね。このグラグラ体制のなかで、「何が正しかったのか」ということを判断しなくてはならないな。

左翼《さよく》は好景気を「格差が開《ひら》く」と捉《とら》えて潰《つぶ》そうとする

横井小楠　左翼《さよく》のなかには、もちろん、水面下に沈《しず》んだ反米思想もあると思う。「日本人が三百万人も殺され、アメリカに占領されたのだから、反米は当然だろう。反米は国是《こくぜ》である」と考え、そこに左翼思想を持ってくれば、アメリカを追い出せると思ったんだろう。

だけど、アメリカのほうも、やや「左」に寄ってきている。逆に、市場経済を採っている中国は、ちょっと「右」に寄ったのかもしれないな。

今、左翼の活動家は、「わりに、自分たちが思っていたような、いいところあたりに着地しようとしているんじゃないか」と見ているだろう。

そして、「共産主義は無理にしても、共産主義に行く前の段階である、社会主義体制までは完成するんじゃないか。日本は、共産主義国家とは言えないけれども、社会主義国家としては成功し、その遺伝子は完成するのではないか」と思っている人たちがかなりいるわけだね。

資本主義の自由競争の下《もと》では、自助努力のせいかどうかは知らんけど、どんどん差がつき、貧富《ひんぷ》の差がものすごく開《ひら》いてくるから、結局、身分制ができて、貴族階級のようなものが生まれてくる。

社会主義は、「搾取《さくしゅ》の理論」に対抗《たいこう》する、「所得再配分の理論」「相続税の理論」等によって、人為的《じんい》に、そうした貴族階級が生まれないようにするシステムだな。これらの理論が、いちばん大きな考え方だ。

だから、お金持ちに税金をかけて、お金を取り、所得の再配分をして均《なら》していき、なるべく、平等性の高い階層、中流階層をたくさんつくろうとする。これが社会主義的な発想だな。

共産主義まで行くと、私有財産も廃止《はいし》され、工場等の生産手段の私有まで廃止されて、全部、国有化される。国有企業《きぎょう》しかなく、個人の差がまったく認められない世界にまで入っていく。

社会主義は、そこまでは行かなくて、まだ、生産手段が全部国営化されるところまでは行かないけれども、「余分に儲けたものについては、税金というかたちで吸い上げ、再配分をして均していく」というかたちで、貧富の差を縮めていくわけだね。

アメリカのオバマ政権には、どちらかっていったら、そちらのほうに片足を入れて、ウォール街と戦った面はあるわな。

そういう中間点あたりが、今後の正しい世界観として、推奨《すいしょう》されるべきものなのかどうか。

今、日本で左翼型の運動をやっている連中は、「そういうものが永遠の真理であり、その方向で行くべきだ」と考えている。

彼らは、少し前の小泉《こいずみ》政権のときには、「格差が開《ひら》いた」ということを針小棒大《しんしょうぼうだい》に言って、好景気を潰《つぶ》しているわけだね。

彼らにとっては、好景気の時期は「格差が開く時代」なんだ。好景気が来ると、格差が必ず開くので、別に好景気が来る必要はなくて、限りなく安定した水平状態が望ましいわけだ。その結果、格差の生まれない世界ができる。これは農耕社会だね。農村社会のようなものができるわけだな。

酒井　この二十年間、日本の経済は、ほとんど成長しませんでした。

横井小楠　今、日本には、「江戸《えど》時代のように、経済成長もなければ、人口も増えない、そういうフラット社会が望ましい」と考えている連中がかなりいる。

一方、「日本は発展のほうへ進んでいくべきだ」と考える人たちもいる。

さらには、贖罪《しょくざい》史観的な考え方をし、「日本は滅《ほろ》びても構わないのだ。先の大戦での罪により、日本人は、韓国《かんこく》や北朝鮮《きたちょうせん》、中国等の下《した》の階級に入り、強制労働でもさせられるような、隷属《れいぞく》的国民になっても構わないのだ」という自己処罰概念《しょばつがいねん》を持った、極端な連中もいる。

世相《せそう》を見るのに、だいたい、そのように分類して見るべきかな。

「平準化の思想」が永遠の真理として確定することはない

酒井　そのなかで、正しい政治、王道の政治は、どうあるべきなのでしょうか。

横井小楠　民主主義社会は、身分制社会に比べれば、非常に流動的な社会であり、完全な正義ではないかもしれないが、完全な悪でもないような社会であるわけだな。

それが経済的に表れると、勤勉に働いた商人は、お金が儲かることになっていて、怠《なま》け者の商人は、あまり儲からず、貧乏《びんぼう》をして倒産《とうさん》するようになっている。これが、商業のベースで表れた、民主主義の精神だろうな。

だから、これ自体は適正な考えではある。

ただ、現実には、「会社が倒産し、生活できない者もいれば、自分の生活費を超《こ》えて儲かっとる者もいるので、儲かっとる者から、ちょっとお金を取り上げて、潰れたところに給付金を出してやると、そこも食っていけるようになる」という考えで、政府が介入《かいにゅう》し、支配し始める。そういう社会主義的な傾向《けいこう》が出てくるわけだね。

これには、ある意味での「救済の原理」として、一定のレベルで効果のある面もあるとは思う。

ただ、長い目で見て、すなわち、「少なくとも、近代以降は、すべてのものが成長期にあった」という流れから見れば、こうした「均霑《きんてん》の思想」「平準化の思想」そのものが、永遠の真理として確定することはないと思われる。

漁業社会や林業・農業社会であって、全然、生活のレベルが変わらず、人口も増えないような社会であれば、そういうこともありうるかもしれないけれども、自由に基《もと》づいて、変動し、流動していく社会においては、やっぱり、基本的に発展していくべきだ。

発展をしつつ、ときおり、「調整の原理」として、いろいろな再配分をしなければならないことはあるだろう。そのような調整が働くことはあるかもしれないけど、発展そのものを止《と》めると、劣後国《れつごこく》になっていき、諸外国からの侵略《しんりゃく》を招くことさえありうる。

それが、かつての中国が停滞《ていたい》を続け、ヨーロッパの植民地にされた理由でもあるし、日本が、それを恐《おそ》れて、近代化を進め、植民地化を防止した理由でもあったわな。

今、日本にいる親中派の人たちは、そうした発展を好まず、停滞というか、格差が開かないことを望み、「大金持ちもいないけれども、飢《う》え死にする人もいない」という、平等な社会の実現に熱を上げておるわけだ。

ただ、肝心《かんじん》の中国のほうは、そうはなっていない。表向きは共産主義を掲《かか》げておるにもかかわらず、格差は、もう十倍以上に開いている。南部の大金持ちは、何億もするような高級車を乗り回しておるが、農村地区になると、本当に洞窟《どうくつ》生活のようなものを送り、電気もない生活をしている。

肝心の中国が、社会主義・共産主義の国としては、落第点が出るような状態になっているわな。それどころか、覇権国家になって、自分たちより劣《おと》るところを侵食していこうとしている。

要するに、自国の最低ラインに生きている人たちを満足させるためには、それより下のものがあればいいわけだ。だから、太平洋地区やアフリカ地区の人たちを、中国の下請《したう》けにしていこうとしている。

かつて、アメリカが、奴隷《どれい》貿易でアフリカから奴隷を大勢入れ、彼らに下級労働をやらせたように、中国の貧しい人たちよりも、さらに下の身分の人たちを確保して、彼らを「中国経済を支え、中国の食料や工業を賄《まかな》う戦力」とし、世界制覇を目指している。

これが現実的見方だけど、日本の親中派の人たちは、そこまで見えていないか、見ようとしないか、どちらかだな。

親中派の人は、結局、反米派であるため、今の日本では、アメリカの没落《ぼつらく》を喜び、中国の躍進《やくしん》を喜んでいる連中が、基本的に多数になってきつつあるわけだな。

4　国防の要諦《ようてい》は「核《かく》武装」

中国の本音は、日本を対米戦争の「不沈《ふちん》空母」に変えること

酒井　今の日本は、内政面では反原発や消費税増税の問題を抱《かか》え、外交面では竹島《たけしま》や尖閣《せんかく》諸島の問題を抱え、まさに「内憂外患《ないゆうがいかん》」の状態にありますが、横井先生は、日本の進むべき未来を、どう構想なさいますでしょうか。

横井小楠　それは、やっぱり、「民族としての自決」の問題だと思うな。「自分たちで、どうしたいのか」ということだ。

国民が、全部、「中国の属領になりたい」という意思表示をするんだったら、これは、もう、どうにもならない。

沖縄《おきなわ》には、そういうところがあるんじゃないかな。琉球《りゅうきゅう》って中国の影響《えいきょう》も受けておるからね。中国に使節を送って、朝貢《ちょうこう》していた時代もあったかもしれないし、中国と日本の間《あいだ》に挟《はさ》まって、両方の影響を受けとる。九州に行くよりは中国に行くほうが近いかもしれないからね。

沖縄は、そういう状態だが、日本全体がそうなるかどうかだな。

逆に、中国のほうから、地球儀《ちきゅうぎ》や世界地図を見れば、中国のちょっと目の前に、弓のように細く、カリフォルニアのような形をしたものが、「天橋立《あまのはしだて》」のように出ており、その向こうに太平洋が大きく広がっている。

この、ちょこっと出ている、半円状の、ちっぽけな国が日本だよ。なあ?

向こうから見れば、中国の内海《うちうみ》のような所に、変てこりんな国がある。これは、ちっちゃいくせに、やたら威張《いば》って、ときどき強くなる、変な国なんだな。「こういう国に、過去、負けた経験もある」というのは非常に悔《くや》しいわな。だから、鎧袖一触《がいしゅういっしょく》、袖《そで》を振《ふ》るって、バシーッと全部を払《はら》い除《の》け、中国の足場にしてしまいたいぐらいだろうな。

はっきり言えば、「日本を、アメリカから中国を守るための防波堤《ぼうはてい》に変えたい」というのが中国の本音だろうね。それが、いちばんの狙《ねら》いだろう。

「まず、思想戦で洗脳し、日本を親中派で押《お》さえてしまう。次に、中国をアメリカが攻撃《こうげき》できないようにするため、日本列島を、アメリカの不沈《ふちん》空母ではなく、逆に中国の不沈空母に変えて、アメリカの侵攻《しんこう》を防ぐ。万一《まんいつ》、アメリカの上陸部隊等が来て、戦いが起きるのなら、日本を舞台《ぶたい》にして戦う。ここで食い止める」というのが中国の基本的戦略だと思う。

中国が考えているのは、そういうことだよ。日本人には、それが分かってはおらんと思うけどな。

向こうから見れば、アメリカが太平洋を渡《わた》って中国まで来なくてはいかん理由は何もないわけであってね。

日本は大陸との間の海を「日本海」なんて言っているけど、中国にとっては、こんなのはインチキであって、日本は、中国の海のなかに、ちょっとポコンと浮《う》かんでいるだけのものだから、日本海を“Sea《シー》 of《オブ》 China《チャイナ》”にしたいぐらいだろうね。

核《かく》武装ができなければ、日本は絶対に植民地になる

酒井　今、日本では国防も叫《さけ》ばれつつあるのですが、国防の要諦《ようてい》、要《かなめ》は何だと思われますでしょうか。

横井小楠　核《かく》武装だな。

酒井　核武装ですか。

横井小楠　うん。これができなかったら、絶対に植民地になる。

酒井　横井先生は、それを、どのように進めていけばよいとお考えですか。今、反原発運動もかなり盛《さか》んになってきておりますが。

横井小楠　だから、このままで行くと、本当に日本は植民地になって、日本が、アメリカに対する、中国の不沈空母、防波堤となり、日本を舞台にしてアメリカと戦わなくてはいけなくなる。

今、アメリカの第七艦隊《かんたい》が、日本のあちこちの港に駐留《ちゅうりゅう》したりして、日本を守ろうとしているけど、要するに、これを追い出そうとする反米勢力が、はびこってきている。沖縄で起きていることも、そういうことだ。「アメリカ、出て行け」と言っている。

これを追い出して利益のあるところが、こういう動きの〝犯人〟です。それは中国ですよ。だから、アメリカ軍を、全部、追い出したあと、中国軍が日本の各地に駐留するようになる。

酒井　そうですね。この問題を積極的に訴《うった》えている政党は、幸福実現党ぐらいしかないのですが、これについては、具体的に、どのような……。

横井小楠　いや、だから、負ければ、あなたがたがハワイに移住することになるんだよ。ええ。ハワイにな。

酒井　今の客観的情勢から見ると、「民主党か自民党が政権を取ったとしても、核武装はありえないのではないか」と思ってしまうのですが、日本は、どのように核武装を進めていけばよいでしょうか。

横井小楠　だけど、誰《だれ》も、私が言ったような目で見ていないからね。「中国は、日本を、アメリカを寄せ付けないための防波堤にしようと思っている」ということが、まだ見えていない。

中国は、今、アメリカが、グアム、そしてハワイへと引いていくように仕向けているでしょう？　一生懸命《いっしょうけんめい》、仕向けている。

そして、「アメリカがグアムやハワイから中国本土を攻撃しようとしても、日本から飛び立つ中国防衛軍が、それを迎《むか》え撃《う》つ」というスタイルを、彼らは基本的に考えている。

その防波堤のなかには台湾《たいわん》も入っている。彼らの狙いは、「台湾や日本を押さえる」っていうことだな。

それから、もちろん、アラビア半島からの石油ルートを、全部、押さえるつもりでいる。そちらからはものが入らないようにしていくことを、今、考えておるわな。

アメリカを北米大陸に封《ふう》じ込《こ》めることが中国の戦略

横井小楠　中国の構想を、もう一回、習近平《しゅうきんぺい》の守護霊《しゅごれい》に訊《き》いてみればいいと思うけど（注。以前、習近平氏の守護霊の霊言《れいげん》を収録したことがある。『世界皇《こう》帝《てい》をめざす男』〔幸福実現党刊〕参照）、今、大世界戦略を持っているはずだ。

あなたがたは「コンテイニング・チャイナ（Containing China 中国封《ふう》じ込《こ》め）」と言っているんだろうけど、向こうは、「コンテイニング・アメリカ」なんだよ。これはアメリカ軍も想像だにしていない戦略だな。

酒井　なるほど。

横井小楠　アメリカを北米大陸のなかに封じ込める作戦を持っている。

酒井　それは、具体的には、どういうかたちのものなのでしょうか。

横井小楠　だから、太平洋、インド洋、アラビア海、それから、アフリカ周辺の全部を押さえていく。また、ヨーロッパは、今、調子が悪いですから、「中国資本でもってヨーロッパも支配しよう」と、そこまで考えが……。

酒井　経済力も含《ふく》めてでしょうか。

横井小楠　うん。経済力を上げて、「ヨーロッパの買収」まで計画に入っている。そういう大計画を持っています。

酒井　これを、アメリカは、どう認識しているのでしょうか。

横井小楠　残念ながら、オバマさんの認識は、もっと低いな。

酒井　ヒラリーさんは？

横井小楠　ヒラリーさんに、そこまでの認識があるかどうかは知らない。今は、共和党との対抗《たいこう》上、共和党と似たような政策を打ち出していると思われるけどね。だから、やや似ているとは思うけれども、実際上は、もう撤退《てったい》中だと思う。

酒井　次の大統領が共和党の人になった場合には、どうなるのでしょうか。

横井小楠　共和党になった場合には、「中国の計画の進行が少し時間的に遅《おく》れる」っていうぐらいかな。

酒井　では、ただ時間的に遅れるだけであって、根本的解決には向かわないのでしょうか。

横井小楠　アメリカが「さらに発展する思想」の構築に成功しなければ、駄目《だめ》でしょうな。

アメリカか中国か、二者択一《にしゃたくいつ》を迫《せま》られる日本

酒井　そのなかで、日本が負うべき役割は何でしょうか。現実に、どうやっていくかは別として……。

横井小楠　結局、日本は、今、もう一回、二者択一《にしゃたくいつ》をさせられようとしている。アメリカに付くのか、中国に付くのか、どちらに付くか、その踏《ふ》み絵を迫《せま》られているわけだよ。

かつては、「日本に侵略された中国を助ける」という名目で、アメリカが日本を叩《たた》き潰《つぶ》し、そのあと、中国に革命が起きたんだけど、その中国が、アメリカとイデオロギーの違《ちが》う国として、こんなに大きくなってきた。しかも、ソ連の失敗を見て、同じようにならないよう方針を変えつつ、大きくなってきた。

このままで行けば、米中激突《げきとつ》は間違いないね。

しかし、もし、アメリカで民主党政権が長期的に続くことになれば、今、オバマ政権のやっているようなことが、さらにずっと続く。例えば、民主党政権が十年、二十年と続くとしたら、今度は米中が接近してくると思われるので、日本の選択肢《せんたくし》は、ほぼなくなるだろうな。

だから、日本の三年前の選挙は、「米中接近、米中同盟、近し」と見て、そのなかにすり寄ってしまうかどうか、その踏み絵だったと思うんだ。「米中の社会主義同盟のなかに入れてもらうかどうか」っていう選挙が、三年前の選挙だったわけだよ。

だけど、アメリカは、いちおう、リーマン・ショックから少し立ち直ってきたね。中国は、リーマン・ショック後も、まだ経済的に発展したけど、今はバブル崩壊《ほうかい》中で、「今後、どうなるか、分からない」っていう状態で、非常に不安定になってきているな。

中国とロシアでは、主導権は中国にある

酒井　日本に対して、「ロシアとの連携《れんけい》強化」を唱える霊人《れいじん》もいるのですが、これについては、いかがでしょうか。

横井小楠　〝大ソ連邦《れんぽう》〟のときには、まだ強かったんですけどねえ。アメリカと冷戦をしていたころには強かったし、そのせいで、「世界の終わり」についての映画も多数つくられたと思われるけどね。

でも、今は世界九位ぐらいまでロシアの経済規模が落ちておるので、中国との力の差は歴然としている。やっぱり、主導権は中国にあると思いますね。

アメリカは、かつて、レーガン政権のとき、米ソの冷戦において、ソ連と睨《にら》み合い、力比べをして、ソ連に勝ったけど、今、ロムニーが出てきて、「レーガン大統領の戦略を、もう一回やる」と言っているんだろう？

これは、「米中の冷戦を起こしてでも、中国を崩壊させ、アメリカの勝利にする」ということを言っとるんだろうと思うけど、それができるかどうか、分からないな。

酒井　分かりました。

5 「失われた二十年」への総括《そうかつ》を

「戦後の左翼《さよく》教育の刷り込《こ》み」をどう乗り越《こ》すか

酒井　こういう現状のなかにあって、われわれの選択肢《せんたくし》としては、もはや、幸福実現党の述べていることしかないのではないかと思っています。

そこで、幸福実現党に対して、何かアドバイス等があればお願いしたいと思うのですが。

横井小楠　とにかくねえ、日本のマスコミも、事実上、もう中国の支配下にあるのでね。人民日報の〝日本支局〟が朝日新聞で、その朝日新聞の親戚《しんせき》がNHKという状態なので、日本のリーディングメディアは、中国の支配下にあり、要するに、「中国と事を起こすなかれ」ということになっているわけだな。

朝日新聞が、中国の人民日報の〝日本支局〟であるという理由は、要するに、「中国について、一切《いっさい》、不利な報道はしません」という密約を結んで報道しているからで、NHKも、基本的には同じだな。

あちらは、自分たちにとって不利なことを報道されると、すぐに攻撃《こうげき》を開始してくるから、それが怖《こわ》くて、とにかく不利な報道はしないということになっている。

これは、戦後、日本に侍《さむらい》精神がなくなったのと、軌《き》を一《いつ》にしていると思いますが、中国に有利な報道しか、基本的にはしないわけですね。

そういうことを、日本では何波《なんぱ》にもわたってやってきたんだけども、この二十年間、日本経済が停滞《ていたい》したことをもって、彼らにとっての一つのチャンスが現れたということでありましょうな。

日本には、ほかのマスコミもあるし、もちろん、右翼《うよく》系のマスコミもあることはあるけれども、まあ、多くの言論機関においては、左翼が強くて、それが戦後の教育においても刷り込《こ》みとして入ってきておるわけであるから、その意味では、これをどう乗り越《こ》すかが課題だね。

「思想の違《ちが》いで皆殺《みなごろ》しになる時代」が来る可能性がある

横井小楠　だから、贖罪《しょくざい》史観はあるのだろうし、それを正義と考えているわけだけども、何て言うかねえ、それは黄色人種《おうしょくじんしゅ》の範囲《はんい》のなかでの議論なんだよ。彼ら（中国）は、ヨーロッパに対しては、何も謝罪を求めていないでしょうからね。

中国はヨーロッパに向かって謝罪を求めないし、旧ソ連邦《れんぽう》だって、アメリカとの冷戦に敗れて崩壊《ほうかい》し、国がバラバラになって、ロシアが小さくなり、経済の危機もずいぶん起きて苦しんだけど、それを「アメリカのせいだ」と言ったりはしていないわけで、「負けたものは、負けたのだ」っていう感じだわな。

だから、考えはいろいろあろうけれども、もう一つの善悪の考えもあるからね。文化大革命では、思想犯的中国人、つまり、中国の一元支配に服しない中国人が、中国人自身の手によって、少なくとも三千万人は殺されているだろうと思われる。

「そういう国家の支配下に入ったら、どうなるか」ということを想像してみればいい。かつて、カンボジアのポル・ポトだったか何かが、知識人二百万人を皆殺《みなごろ》しにし、されこうべをいっぱいつくった。外国語ができる人間、外国帰りの人間は、皆殺しにされたけれども、そうした、中国的なもの以外の思想を持ったり、行動したりしているような者は、皆殺しになるような時代が、もう一回、来る可能性がある。

「占領《せんりょう》される」っていうことは、そういうことだ。だから、日本人が三千万人も殺されるかどうかは知らんけども、やっぱり、何百万人かぐらいはやられる可能性があると思っておいたほうがいいよ。

象徴《しょうちょう》天皇制は「戦後システムの弱点」の一つ

酒井　今、選挙の時期も近づいてきていますが、次の首相候補として、例えば、自民党では、石原伸晃《いしはらのぶてる》氏や石破茂《いしばしげる》氏などの名前が挙《あ》がっています。あるいは、大阪維新《おおさかいしん》の会の橋下徹《はしもととおる》氏の名前が挙がったり、「民主党は、野田首相がそのまま続投する」と言われたりしています。

しかし、今おっしゃられたような未来を変えていく上で、はたして、日本に人材はいるのでしょうか。そのことについて、ご意見を頂ければと思います。

横井小楠　あなたがたは、今、今上《きんじょう》天皇の守護霊霊言《しゅごれいれいげん》等も出そうとしているんだろうけども（『今上天皇・元首《げんしゅ》の本心　守護霊メッセージ』〔幸福の科学出版刊〕参照）、ここは、戦後システムの弱点の一つだな。

象徴《しょうちょう》天皇制ということで、「物言わぬ天皇」を担《かつ》いでしまったわけだな。

象徴だからして、「しゃべれず、聞こえず、見えず」でも、本当は構わないわけで、「判子だけ押《お》させればいい」っていう存在だろう？

そういう象徴天皇を担いで、「首相だけに責任を取らせる」というかたちで判断してやっているわけだけど、これだと軽くて、バカにされている状態が続いているわけだよな。

象徴天皇に当たるものは、他の外国で言やあ、大統領に当たる部分でなければいけないわけだが、ここが意思決定できないという、国体の隙間《すきま》、間隙《かんげき》のところを、実は、今、狙《ねら》われているんだと思う。

天皇を補佐《ほさ》するのが内閣の責任ということになっていて、内閣の助言でやることになっているんだろうけれども、その内閣のところが、世間《せけん》の空気でいくらでも変わってくるような内閣であるんでなあ。

尖閣《せんかく》諸島であろうと、竹島《たけしま》であろうと、あるいは、ほかにも、石垣島《いしがきじま》や対馬《つしま》、沖縄《おきなわ》などで、まずは島嶼《とうしょ》戦が起きたときに、今の内閣に戦う気力があるかどうかというところが一つだわな。

ここで戦う気がないようだったら、次は、いよいよ本土決戦ということになるからね。

日本海側の上陸予想地点は、百カ所ぐらいは存在するので、この百カ所全部を防衛するというのは、今の自衛隊の軍事的展開では、そう簡単にはできないと思われますね。

だから、日本独自で防衛したければ、日本は、もう一段の経済力をつけると同時に、やはり、中国の黒字を戦略的に削《けず》っていかなければいけないと思う。そして、中国を内政問題のほうで手一杯《ていっぱい》になるように持っていかなければいかんと思うね。一つにはね。

「売国奴的企業《ばいこくどてききぎょう》」に警告しつつ、未来型の産業国家に切り替《か》えよ

酒井　そのためには、具体的に、どのようにすればよいのでしょうか。

横井小楠　まあ、「人民元の切り上げ」を促《うなが》すこと、および、これはあまりマスコミが追及《ついきゅう》していないけど、売国奴的企業《ばいこくどてききぎょう》の活動に対して警告を発すること

だな。

本来、日本国の利益にならねばならないものを、「人件費が安い」という理由により、全部、中国に工場、その他を移転して、中国の売り上げにし、中国の収入にし、かの国を富ませている企業たちに対して、やはり、警告を発することが必要だ。

例えば、「人件費の安い外国でつくっても、一定の関税をかけて、特別に有利な展開はない」ということにして、そういうことを防がなければならない。また、「親日国に工場をシフトするなら関税をかけない」というように持っていかないと駄目《だめ》だね。

つまり、インドなど、中国に対抗《たいこう》すべき国がほかにあるから、「そちらのほうに工場を移転するのならよい」ということにする。

酒井　産業界の教育も必要であるわけですね。

横井小楠　うん。中国や、あるいは、日本に対抗してこようとする国に対しては、そのような措置《そち》をとることだ。もし、韓国《かんこく》までが、北朝鮮《きたちょうせん》と価値観を共有してくるようであれば、韓国に展開している日本企業も、やはり、立地を変えて、ほかの国にシフトしなければいけないな。

酒井　なるほど。

横井小楠　そのように、親日国のほうにシフトしていくか、あるいは、国内でやる手法を考えなければいけない。

国内でコストダウンする手法とは何か。

一つは、親日的な移民を入れて、基本的労働力の値段を下げることだ。日本の百分の一の人件費でも働く人たちがいるわけだから、これを入れて、国内で安く生産するようにしていくことが一つ。

もう一つは、ロボット等のコストダウンをして、もう一段、生産効率を上げ、人間の力を使わずして、物がつくれ、サービスができるようなシステムを開発してしまうことだな。

中国の人件費よりもはるかに低いコストで、製造、販売《はんばい》、あるいはサービス等ができるようなシステムを構築する。そういう未来型の産業国家に切り替《か》えてしまうことが大事だな。

増税によって、さらに「日本の空洞化《くうどう》」が進むだろう

酒井　そうしますと、消費税率が上がるとコストがかなり上がっていきますので、やはり、「増税は即座《そくざ》に白紙にすべきだ」ということでしょうか。

横井小楠　いやあ、「この二十年間、経済が発展していない」という状況《じょうきょう》についての総括《そうかつ》を一回しないといけない。やはり、そこに、基本的な問題があるのではないかねえ。

国内の税金が高くなればなるほど、工場がみんな海外に逃《に》げていくのでね。企業は、企業の利益だけで動いていくので、彼らは、もっと人件費の安い所へ、

もっと製造コストの安い所へと、必ず逃げていくし、最後は、日本を通さずしてやり始めますよ。

要するに、現地生産をして、現地から、直接、ほかの国に売ったりして、日本のＧＤＰにまったく貢献《こうけん》しないような動きをし始めるということだ。そして、決済等も、シンガポールとか、そういうタックス・ヘイヴン（租税回避地《そぜいかいひ》）で貿易決済をするようになっていく。「お金も物も、日本をまったく通らない」という意味での空洞化《くうどう》が進んでいくだろうと思われるね。

そうなると、日本の国力が完全に落ちてくるので、財務省の国際局や、日本銀行等は、やはり、マクロの立場で、これに対する対策を考えなければいけない。そうでなければ、どんどん空洞化していくよ。この二十年間、発展していないということは、「空洞化が進んだ」ということだと、基本的に考えていいと思う。

物流が海外で行われていても、日本にお金が入っているうちは、まだいいけれども、ユニクロみたいに、「中国で十分の一の人件費でつくって安売りをし、自分たちの会社だけ儲《もう》けている」という状態はよくない。彼らは、自分たちが儲かることで、日本の売り上げに貢献しているつもりでいるかもしれないが、同業他社をいっぱい潰《つぶ》して、日本から駆逐《くちく》していっているわけだ。それで、中国のほうの売り上げだけが増えているのでね。

このタイプの売国型企業が増えていくか、あるいは、その次は、日本にも物が入らない状態が、たぶん起きてくるので、日本人は海外へ行って物を買いあさる状態になると推定されますね。

今は、中国人が銀座に高級品を買いに来ているけど、次は、日本人が中国や東南アジアの国に安い物を買いに行かなければいけない時代が来るかもしれない。

例えば、「ベトナムまで行って、トイレットペーパーを一年分買って日本に輸送するほうが安い」とか、そういう時代が来る可能性があるわけよ。

酒井　分かりました。それでは、質問者を替わらせていただきます。

横井小楠　うーん。

6 「国家の正義」と「世界の正義」

日本人は「正義とは何か」が分かっているのか

仲村　先ほど、日本の国防の要《かなめ》として、核《かく》武装を主張されていましたが、日本では、毎年、七月ごろになると、学校の義務教育のなかで、「先の大戦では、日本は長崎《ながさき》と広島《ひろしま》に原爆《げんばく》を落とされて、ひどい思いをした」ということを繰《く》り返し繰り返し教えられるため、核兵器の悲惨《ひさん》さというものが全国民の心に沁《し》みついています。

そこで、核武装を掲《かか》げるに当たって、そういう国民をどのように説得していけばよいのでしょうか。

横井小楠　いや、それは教え方が悪いんだよ。日本は被害者《ひがい》なんだから、「被害者だ」と教えればいいんだ。「日本は被害者なんだ」と。

お隣《となり》の韓国《かんこく》に、とってもいいお手本があるから、韓国の思想を導入して、「恨《ハン》の思想」を教えたらいいわ。

「韓国は、『恨の思想』により、日本に対して、あれほど強い交渉《こうしょう》ができるのだから、韓国に学ぼう」ということで、原爆記念日に、同時に「恨の思想」を取り入れ、「原爆を落とされた恨《うら》みを忘れないように頑張《がんば》ろう」と教育すれば、それで終わりだ。

仲村　（苦笑）「恨み心を忘れない」ということは、日本人にはなかなか受け入れられないと思います。日本人は、もう少し高度な精神性を持っていると思いますので……。

横井小楠　そうかなあ。でも、ヨーロッパは、あれじゃないか。ドイツをいまだに責めていて、アウシュビッツでユダヤ人を何百万と虐殺《ぎゃくさつ》したことを、まだ許していないんだろう？　時効がないんでしょう？　戦後、もう七十年近くたっているのに、時効がないんだよ。

だから、いまだに、南米あたりに逃《に》げているナチスの幹部を捕《つか》まえたら、八十歳《さい》にも九十歳にもなっていても、ちゃんと収監《しゅうかん》しますし、あるいは、処刑《しょけい》もしますからね。ヨーロッパだって忘れていないんですよ。

これはねえ、そういう「恨み心で恨みは解けない」というような問題ではなくて、「『正義とは何か』が分かっているかどうか」の問題なんだよ。要は、正しくないものに対する判断の問題だね。

「植民地主義や人種差別の歴史」に対し、欧米《おうべい》に反省を求めよ

横井小楠　先の東京裁判では、アメリカを中心とする戦勝国が日本を裁いたのであろうけれども、彼らにその資格があったかどうかを、やはり、もう一度、根源的に問わねばならん。

それ以前には、まあ、アメリカは植民地化の動きが遅《おく》れたかもしらんが、少なくとも、ヨーロッパは、スペイン、ポルトガルから始まって、大英帝国《だいえいていこく》もそ

うだろうけれども、アジアを植民地にして、そうとうひどいことをいっぱいしてきたので、この歴史を明らかにする必要があると思う。

さらに、アメリカに関しては、アフリカから黒人奴隷《どれい》を入れ、その非人道的扱《あつか》いをいったい何年にわたってやったのか。それは、少なくとも、百年という単位ではないはずで、もう少し続いているはずだ。

今、やっと黒人大統領が出てきているけど、このチャンスに、アメリカの非人道的黒人差別問題について、もう一回、きっちりと歴史を勉強すべきだと思うね。

そもそも、アメリカという国は、インディアンの国であったのを、インディアンからもぎ取って白人の国にしてしまったものだ。国を丸ごと取り、それから、「ハワイを取り、スペインと戦ってフィリピンを一時期支配し、グアムを取り」というように、遅れてきた植民地主義で、西海岸から太平洋のほうを取りに来たわけだ。

したがって、流れ的には、次は、日本を取りに来て、その次は、本当は中国を取らなければいけない流れだったんだと思うけどね。

こうした侵略《しんりゃく》主義を彼らもやってきたんだが、そういう欧米《おうべい》の先輩《せんぱい》のまねを、最後に日本がしたのを、「イエロー・モンキーのくせにけしからん」ということで、裁判をしたわけだな。

しかし、原爆で二十万人も殺した人や、あるいは、「東京ホロコースト」？すなわち、東京を焼夷弾《しょういだん》で焼き尽《つ》くす皆殺《みなごろ》し作戦を決行した人たちには、やはり、ナチスとほぼ同じ罪があると言わざるをえない。

人種差別的な考えによって、そういうことが正当化されると思っているなら、ナチスのユダヤ人差別とそんなに大きな差はないと言える。「黄色人種《おうしょく》なら構わない」という考えならね。

アメリカが原爆を落とすに当たっても、ドイツに落とすことは計画されていなかった。ドイツは白人の国だからですよ。ヒトラーを潰《つぶ》すために、原爆を落としたって構わなかったはずだよね。あちらのほうが悪質だったんですから、落としても構わなかったけど、ドイツに落とす計画は最初からなかったんだ。最初から、日本にだけ落とす計画だったので、それは、「黄色人種だから落としても構わない」っていうことだろう。

こういう歴史についての反省を、やはり求める必要があると思う。だから、カルマの刈《か》り取りとしては、「一回、自分たちも同じような目にお遭《あ》いになられたほうが、歴史的にはよろしい」ということになるかもしれませんな。

国の正義は「人類を向上させる結果になったか」で判断される

仲村　日本という国は、正義の判断がなかなかできない国柄《くにがら》だと思うのですが、「国家の正義」というものは、どこから生まれてくるのでしょうか。

横井小楠　まあ、正義が判断できないというよりも、要するに、先の大戦の終戦時の裁判で、日本は、「悪魔《あくま》の国だ」という認定を受けたわけですよ、はっきり言えば。

そのお裁きそのものを見ると、結論的に言えば、「日本は悪魔の国であるから、その悪魔の牙《きば》を抜《ぬ》き、爪《つめ》を剝《は》がして、二度と人を襲《おそ》わないようにしよう」ということでしょう?

日本の神々について、「こんなものは悪魔だ」と思われていたわけでしょう?「キリスト教の神々から見たら、これは悪魔だ」ということだよね。

そして、戦争に反対したところだけは、戦後、解放されたわけだ。キリスト教も、一部、反対していたし、共産党も反対していたので、そういう戦争に反対した勢力が解放されて、放し飼い状態になった。

ところが、その放し飼いにした共産党が、その後、取り締《し》まりをしなければならないほど、大きな化《ば》け物《もの》になってきたわけだね。

やはり、アメリカには、「この戦後政策の誤りについて、ちょっと反省していただきたい」と言わなければいかんと思うな。

それで、「正義とは何か」っていうことだけども、まあ、それぞれの国を守っている神々に民族神的傾向《けいこう》があることは事実であるので、「それぞれの国を守る」という意味での正義は、どの国も持っているわけだね。

ただ、国と国との利害調整において、「何が正義とされるか」という判断には、非常に難しいところがある。確かに、世界史の流れのなかにおいては、突《とっ》如《じょ》、強大な国が出てきて、他国を侵略してしまうこともあるが、それが正義か正義でないかの判断には、非常に難しい問題がある。

それは、後世に遺《のこ》した遺産《いさん》や、多くの人々の評価に委《ゆだ》ねなければならないと思うけども、例えば、ロシアであろうと、フランスであろうと、ローマであろうと、みな侵略の歴史ですよ。いろいろな所を侵略している。

それが、世界の歴史上、正当に扱われるかどうかは、世界史の問題にもなるけどね。やはり、それは、人類史の見方の問題であって、「それが人類を向上させる結果になったかどうか」っていうところだね。

もし先の敗戦がなければ、日本は「中国やソ連の大虐殺《だいぎゃくさつ》」に介入《かいにゅう》して止めていた？

横井小楠　それから、あとは、「神のご加護《かご》があったかどうか」っていうところだと思うね。

例えば、今のイスラエル対アラブの問題だって、民族神的レベルでは、たぶん意見の齟齬《そご》はあるだろうと思うけどね。「片方が消えれば、きれいに平和になる」ということはあるんだろうけども、まだ、決着がついていない。

はっきり言って、イスラエルは小国だからして、地球上の七十億から見たら、イスラエルに住んでいるのは数百万で、外国にいるのを入れたって千五百万ぐらいしかいないんだろうから、このくらいが消えたところで、どうってことはないだろう。

しかし、イスラエルが消えると、キリスト教徒が聖典として仰《あお》いでいる『旧約聖書』の歴史そのものが消えてしまうことになるので、それを守るために、キリスト教徒たちはイスラエルを温存しようとしているわけでしょう。そうでしょう?

そうであるならば、日本には日本の神々の歴史があるわけなので、日本が、その日本の神話を守るために、「この国土を保全せねばならん」という決意をするならば、それは、少なくとも、日本民族、あるいは日本国家における正義であることは間違《まちが》いない。そう考えていいと思うね。

ただ、他国との関係においては、人種的偏見《へんけん》から始まって、いろいろなものがあるので、何をもって正義とするかは難しい。

けれども、もし、日本が、先の大戦で負けておらず、強国のままでいたとしたら、要するに、先の第二次大戦で、アメリカに負けずに、アメリカと対等の状態で平和条約を結んでいたとしたら、「中国で、文化大革命が起きて、三千万もの人が殺される」というような状況《じょうきょう》に対しては、当然、日本軍は出動して、それをやめさせに入ったはずだ。

今のシリアにおける内戦では、政府軍が空爆をして、八月だけで民衆を五千人以上も殺しているけれども、こんなものは、昔のアメリカなら、当然ながら介入しているだろうし、少なくとも、多国籍軍《たこくせき》が入って止《と》めなければいけないものだが、これが放置されている状態だね。

しかし、もし日本が負けておらず、日本の近くでそういうことが起きたならば、当然、介入したであろうし、ロシア革命以降のソ連に対しても、ああいう大量虐殺《ぎゃくさつ》や、思想犯が大勢シベリア送りになったところあたりについては、おそらく、何らかの介入をしたものと思われる。

だから、世界の歴史は、今と違う書き方をすることだって、当然、できたわけですね。

「勝利し、繁栄《はんえい》した国には、神のご加護《かご》があった」と推定される

横井小楠　最終的に、「正義とは何ぞや」と言っても、まあ、国のなかでの正義であれば、ある程度ありうるけれども、「国対国の国際的な正義とは何か」

と言えば、結局、「勝ったところ、繁栄《はんえい》したところは、神のご加護《かご》を得たのであろう」という推定を働かせるしかない。

もし、その推定が間違っていた場合には、歴史における逆転現象、逆流現象が起きてくるわけだな。

今、中国が発展しているように見えるが、実際に、神のご加護を得ているのかどうかを、みなが見ている。

その中国の発展を見て、「〝唯物論神《ゆいぶつろんしん》〟が、今、全盛を誇《ほこ》っている」と思い、唯物論信仰《しんこう》に走り、中国を崇《あが》め奉《たてまつ》っている日本人が多いわけだね。

あなたがたは、「唯物論信仰は邪《じゃ》信仰であり、一種の邪教である」と言うとるが、日本には、その唯物論信仰の人が大勢いるわけよ。そういう人たちが、今、中国になびいて、中国信仰に入っているわけだね。

だから、邪神が、邪神としての本性《ほんしょう》を現して、敗れていくならば、それはそれで、神の一つの裁きだと思われるけどね。

徳川慶喜《とくがわよしのぶ》が「水戸《みと》学」を学んでいなければ、幕府軍は勝っていた？

横井小楠　何が正義かの判断は難しいものだとは思うけども、現実上、この世においては、やはり、勝ち負けがあるし、強い弱いがあるので、弱い者や滅《ほろ》びた者の声は封殺《ふうさつ》されていくものではある。

明治維新《いしん》であれば、やはり、勝った官軍のほうが正義ということになるけども、もし、徳川《とくがわ》軍が勝っていたら、彼らは賊軍《ぞくぐん》として葬《ほうむ》り去られることになっただろうね。

徳川慶喜《よしのぶ》に、もう一段、軍事的な才能があり、勇気があったならば、そして、フランスの武器等を取り入れてでも勝つつもりであったならば、戦力的に見て、幕府軍が勝てた可能性はあったと思う。

しかし、徳川慶喜は水戸《みと》学を学んだ秀才《しゅうさい》であって、忠君愛国《ちゅうくんあいこく》の思想を持っていたために、天皇家の錦《にしき》の御旗《みはた》を立てられたことによって戦えなくなり、敗走した。

つまり、勝ってもいい戦いで、戦わずして敗れてしまった。

これは、そういう思想的な秀才の限界だな。学んだことを捨てられなかったわけだ。水戸学っていうのは、天皇家がこの国を治めた歴史を書いてあるものなので、それを勉強した者は、絶対的な天皇信仰を持っている。

そのため、天皇家が担《かつ》ぎ出されてきた段階で、もう徳川家には勝ち目がなくなったわけだ。

もし、十五代将軍・徳川慶喜が、「そんなものは踏《ふ》みにじる」と言って、〝人間天皇宣言〟をそのときにやってしまったら、戦うことはできた。「天皇といったって、神代《かみよ》の代は知らないが、今は人間であり、将軍のほうが上であるのだ。実際、信長《のぶなが》の意向に反したり、秀吉《ひでよし》の意向に反したり、徳川将軍の意向に反したりして、天皇家が存続することなどできなかった。天皇家が恭順《きょうじゅん》の意を表《ひょう》していたから、存続できたのだ」と言い切ってしまえば、戦うことはできたんだな。

その意味で、官軍が、そうした錦の御旗を立てて、天皇家復興運動と王政復古とを一緒《いっしょ》に合わせたために、幕府は敗れたわけだが、もし、徳川慶喜に水戸学の思想が入っていなければ、泥沼《どろぬま》の革命戦争になった可能性は極《きわ》めて高いし、幕府が勝つ可能性もあったと思う。幕府は海軍も持っていたし、兵制も洋式に改めつつあったところなのでね。

しかし、結局、負けて完全に滅びてしまったら、もはや、何も言うことはできない。

かつて滅《ほろ》ぼされた中南米の神々は、アメリカの内部崩壊《ほうかい》に力を貸している

横井小楠　インディアンの国を奪《うば》ってアメリカを建国した白人のクリスチャンたちは、はっきり言って悪人ですよ。悪人だけども、インディアン居留区に封じ込《こ》められたインディアンたちには、もはや、アメリカ全土を覆《くつがえ》す力はありはしない。思想的にも戦力的にもありはしない。

そういうことであれば、もはや、「白人たちは悪人だ」と言っても、それは負け犬の遠吠《とおぼ》えでしかないので、「何も言わずに、英語の勉強に励《はげ》むしかない」ということになるわけだね。

だから、まあ、善悪と言っても、それは相対的なものであり、まだ戦っているうちは決まらないけれども、圧倒《あっとう》的な差がついた場合には、もはやどうしようもなくなる。

アメリカは、その後、繁栄したので、結果的に、善とされているかもしれないけれども、やはり、アメリカをよしとしない者もいる。

中南米の人たちは、アメリカに対して、けっこう嫌悪《けんお》感を持っているので、アメリカに麻薬《まやく》をいっぱい入れて、〝麻薬攻撃《こうげき》〟をやっているわけだ。「アメリカ人の感覚を麻痺《まひ》させ、彼らの脳を破壊し、彼らを狂人《きょうじん》にする」という作戦をとっていて、今、そういうゲリラ作戦をやっている。

「アメリカ人を発狂させて、社会を混乱に陥《おとしい》れ、アメリカ社会を内部崩壊《ほうかい》させよう」として、中南米からは、麻薬でそうとう攻撃をかけている。これは、先住民たちの恨みがこもった作戦だと思われるね。

マヤ、アステカ、その他、かつて滅《ほろ》ぼされた中南米の先住民たちの神々は、今は〝祟《たた》り神〟となって、アメリカの内部崩壊に力を貸していると思われますねえ。

仲村　分かりました。

7　横井小楠が明かす転生《てんしょう》の過程

サラセン帝国《ていこく》や古代エジプト、日本の奈良《なら》時代に思想家として出た

酒井　それでは、最後に、小楠先生の魂《たましい》の役割についてお伺《うかが》いいたします。

日本あるいは海外において、転生《てんしょう》の過程で、どのような役割を果たされてこられたのか、象徴《しょうちょう》的なところを、もし、よろしければ教えていただきたいと思います。

横井小楠　うーん……。ワンパターンだのう。

酒井　（笑）はい。すみません。

横井小楠　君ら、ワンパターンだのう。うん？　ワンパターンじゃないか。ワンパターンで面白《おもしろ》くないな。何となく、面白くないが……。

酒井　「語りたくない」ということでございましょうか。

横井小楠　うーん、まあ、そういうわけでもないけどもねえ。うーん……。私の話の筋から推定して、「どんな人だったら、こういうことを言うか」と考えてみたら、ちょっとは分かるかもしらんがなあ。

酒井　そうですね。まあ、「小楠」というお名前のとおり、楠木正成《くすのきまさしげ》公を非常に尊敬されていたとのことなので、まずは、「神道《しんとう》系の役割が一つあるのではないか」と思うのですが。

横井小楠　うーん。うん、うん。

酒井　変革のときに出てこられる方でございましょうか。

横井小楠　うーん。ふん！　まあ、でも、基本的には、思想家ではあるかな。

まあ、そういうふうに思うな。

今日の話を聴《き》いていても分かると思うが、わしの考え方は日本人離《ばな》れしとるだろう？　かなり日本人離れしておるのでね。

まあ、あなたがたの知識でもって分かる範囲《はんい》で答えることができるかどうかは、とっても難しゅうござるが、大学受験でご勉強されたかどうかは極《きわ》めて疑わしいと思うけれども、そうだねえ、どれを出せば分かるかなあ。

うーん……。どれを出せば分かるかなあ。どの程度なら分かるかなあ。そうだねえ、君たちの知識で分かる範囲内では、うーん……、知識がほとんど空《から》っぽじゃないか（会場笑）。ほとんどが空なので、困ったねえ。

どれなら分かるかねえ。中世についての知識は、ほとんどないだろう？　うーん……。なさそうだなあ。

だからねえ、ま、キリスト教ではない。

酒井　イスラム教のほうですか。

横井小楠　ええ？　イスラム教と来たか。うーん。まあ、そんなに外れてはいないかもしらんな。「キリスト教から、多少、被害《ひがい》を受けた側の思想家であった」と言うてもええかねえ。

だから、中世のサラセン帝国《ていこく》（イスラム帝国）あたりに出たということだ。イスラムの最盛期ごろに出て、文化的な高みをつくった人間ではあるな。前世《ぜんせ》はな。

それから、もっと古い時代になると、エジプトでローマの進軍を食い止める仕事をしていたこともあったかな。

酒井　基本的には、宗教家というより、思想家のほうが多いのでしょうか。

横井小楠　うん。まあ、宗教もちょっとは絡《から》んでいるけども、基本的には思想家に近いかな。軍人的なもので有名なわけではないと思うな。

酒井　そうですか。

横井小楠　うーん。

酒井　日本とは、あまり関係が深くない魂なのでしょうか。

横井小楠　日本なあ。うーん。日本はなあ、そうさなあ……。うーん……。まあ、まったくないとは言えないがなあ。一つぐらいはいるかな。一つぐらいはいて、奈良《なら》時代あたりをつくった文化人としては存在しているかもしらんな。うん。

中国の「砦《とりで》」にされる寸前の日本

酒井　はい。本日は、日本の未来に対してご助言を頂き、本当にありがとうございました。

横井小楠　ああ、君たち、もう本当に、亡国の寸前だからね。

酒井　はい。

横井小楠　気をつけたほうがいいよ。今度は、日本が中国の砦《とりで》にされる寸前だからね。百万単位の人が殺されるよ。それを、私は言っとくからね。どうされるのかは知らん。どっちに付いても、やられるのかもしらんけど、向こうは、核《かく》兵器を持っていて、いつでも日本人を全滅《ぜんめつ》させられる力を持っていらっしゃるのでね。

「あちら（中国）に臣従《しんじゅう》して貢《みつ》ぎ物を送れ」っていうのが、朝日新聞以下の考えなんだろうからして、そちらのほうに全部巻き込《こ》まれていくのか。それとも、アメリカの復活をお待ち申し上げるのか。あるいは、自分たちで、倭寇《わこう》の時代に戻《もど》って、ときどき攻撃《こうげき》を加えて生き延びるのか。まあ、考えねばならんところだねえ。

しかし、地政学的には、日本は非常に厳しい所に存在しているので、基本的な戦略としては、国力を増強すると同時に、やはり、東南アジアの国々や、アフリカの国々、オセアニアの国々等を味方に付けていくように努力しなければいかんと思うね。

酒井　はい。本当にありがとうございました。

横井小楠　はい。

8　世界的なスケールを持っていた横井小楠

横井小楠は、「異次元《いじげん》的な見方」ができる人だった

大川隆法　確かに、そうとう変わっているかもしれません。今まで聞いたことがないようなことを言っているので、そうとう変わってはいますね。そうとう変わっていて、違《ちが》ったものの見方、すなわち、異次元《いじげん》的な見方ができる人ですね。

横井小楠は、今日の霊言《れいげん》で、「明治維新《いしん》には、ヨーロッパやアメリカの革命と違うところがある」ということを一つ言いました。つまり、「上と下で挟《はさ》み

込《こ》んだ〝サンドイッチ革命〟としてやった」と明確に言いましたね。

確かに、徳川慶喜《とくがわよしのぶ》を上からも挟み込んでサンドイッチにしたことが勝因なのかもしれません。天皇家と公家《くげ》を引きずり込んで、下級武士との間に幕府を挟み込んだことが、どうも勝因のようではありますね。

まあ、こういう人は一筋縄《ひとすじなわ》ではいきませんから、正体は、そんなに簡単には分からないでしょう。ただ、かなり違うタイプの発想の人であることは間違いないですね。

今日、対話をしてみても、やはり、全部は分かりかねる感じがありますね。

酒井　そうですね。

あまり具体論までは入れなかったところはありましたが……。

マクロ認識を持ち、「世界史をつくる役割」を担《にな》っている魂《たましい》

大川隆法　諸外国についても、いろいろな意見を述べていましたが、本当は、どういう人なのか、どういう立場にある人なのか、少し分かりかねるところがありました。もう一皮、二皮剝《む》いていくと、本当の姿が出てくるでしょうが、まったく違う役割を持った人である可能性はありますね。

世界的な視点、マクロ認識を、かなり持っているような気がするので、意外に、世界史をつくっていく役割の一つを担《にな》っている人かもしれません。そのような感じを受けましたね。

日本人でありながら、日本人の意識を超《こ》えた目を持っている感じがありまし

たし、どう見ても、違う目を複数、持っていましたから、あの時代においては、かなり異質な存在だったのではないかと思われます。

そうとう奥深《おくぶか》いところがあるので、一回で分かるような人ではないですね。「幕府を倒《たお》す思想の根元が、このへんから出ていて、あとは、その実行だけを志士たちにやらせた」とすると、この人は、かなり奥深い手引きをしていると言えます。

さらに、フランス革命や、アメリカ革命、ロシア革命をも批判する立場にあるわけでしょう？

その上、この人は、ヨーロッパの植民地主義を批判し、アメリカの植民地主義も批判して、「戦後の中国史や、戦後のソ連史も書き換《か》えられる可能性があった」と述べましたよ。

そういう立場に立っている可能性のある人だということですね。

酒井　視点がかなり大きいわけですね。

大川隆法　この横井小楠という名前で呼ばれている人の本質は、それほど小さなものではないかもしれません。

「戦後の中国史を書き換える」とか、「ソ連史を書き換える」とか、そういうことを考えた人は、これまでいないのではありませんか。

酒井　そうですね。

大川隆法　そんなことを考えた人が、いましたか。

酒井　いないです。

大川隆法　「もし、先の大戦で、日本がアメリカと対等に平和条約を結んでいたら、中国の文化大革命に介入《かいにゅう》して、三千万人の中国人の虐殺《ぎゃくさつ》を止《と》めていた」などと言う人が、今までにいましたか。

酒井　いませんでした。

大川隆法　そんなことは誰《だれ》も考えたことがない。

中国が何千万人もの中国人を殺していたとき、日本は、中国を称賛《しょうさん》して一生懸命《いっしょうけんめい》に中国の旗を振《ふ》っていたような状況なので、お笑いに近かったでしょうね。

これは、ちょっと面白《おもしろ》いタイプです。清水幾太郎《しみずいくたろう》や頼山陽《らいさんよう》のような、大きな目で見るタイプの人間は存在するかもしれませんが、この人は、アメリカまで断罪しましたからね。

酒井　はい。

大川隆法　中南米からの目で、アメリカ史を見ましたからね。

酒井　やはり、エル・カンターレ系霊団の方なのでしょうか。

大川隆法　いやあ、実際は、かなり偉《えら》いのかもしれない。

酒井　魂《たましい》としては、かなり大きな方なのですね。

大川隆法　かなり偉い人なのかもしれませんね。「世界の歴史を、どのようにつくり上げるか」ということにかかわっている人なのではないでしょうか。

酒井　なるほど。

人類史を鳥瞰《ちょうかん》し、「世界の設計」にかかわっている横井小楠

酒井　そうすると、明治維新も、その一過程であったわけですね。

大川隆法　そうそう。その一過程として加わっていたのではないでしょうか。こういう人は、本体が、そう簡単には分からないタイプです。〝タコ足配線〟になっている可能性が極《きわ》めて高く、いろいろなところに入り込んでいるのではないかと思いますね。

まだ、全体は見切れていませんけれども、確かに、スケール的には、かなり大きな人であり、逆転の発想で物事を見る目を持っているようなので、異質な

思想として紹介すると面白いかもしれません。

日本人的ではない方で、少し驚《おどろ》きでした。現代のことについてまで、そうとう知っていましたし、日本人の目では、今、言ったところまで、普通《ふつう》は見えませんのでね。

酒井　確かにそうですね。

大川隆法　この人は、日本人の目では見えないものが見える目を持っています。人類史全体を鳥瞰《ちょうかん》するような立場にあるか、あるいは、天使界において、民族問題など、いろいろな問題に関係するような立場にある人かもしれません。そのように、かなりマクロの目で見ているように感じましたね。

日本の置かれている立場も、本当に小さく見ている感じでした。地球儀《ちきゅうぎ》を見て語っている感じが、かなりはっきりとありましたよ。

酒井　「まだまだ奥の深い方だ」ということですね。

大川隆法　何か、世界の設計にかかわっているのではないでしょうか。そんな感じがします。

「欧米《おうべい》と違《ちが》うスタイルの革命」として企画《きかく》された明治維新《いしん》

大川隆法　西郷隆盛《さいごうたかもり》評を訊《き》けばよかったかな。「どんな人だったのですか」って。

酒井　（笑）そんな……。まあ、あってもよかったかもしれません。

大川隆法　内容としては十分だったでしょうか、足りなかったでしょうか。（会場の大川咲也加《さやか》〔幸福の科学常務理事〕に）あなたは、国史を専攻《せんこう》していますが、どうですか。あれで構わないですか。「横井小楠を呼んではどうですか」と言ったのは、あなたでしたけれども。

大川咲也加　そうですね。

大川隆法　特に質問したいことはなかったですか。

大川咲也加　いや……。「スケールの大きな人だ」というのは分かりましたから。

大川隆法　この大きさを見ると、吉田松陰《よしだしょういん》などは、もう走らされたほうだった感じも若干《じゃっかん》しますね。

酒井　革命のやり方について、あそこまで言ってのけた方はいません。

大川隆法　マクロの目で見ている部分が、確かにすごいですね。

酒井　「明治維新《いしん》は偶然《ぐうぜん》に起きたのではない」ということが、明確に分かったのは、非常に大きな収穫《しゅうかく》だったと思います。

大川隆法　そうです。偶然ではないわけです。「フランス革命や、アメリカ革命、あるいはロシア革命などとは違《ちが》うスタイルの革命を企画《きかく》した」ということですね。

酒井　ええ。そうした欧米《おうべい》の革命を前提として、明治維新が行われていたというところは、非常に大きな霊的事実だったと思います。

大川隆法　そうですね。確かに、この人を暗殺しようとして行った人たちも、みな、彼に会ってから、どんどん考えが変わっていっているので、ずば抜《ぬ》けた知力を持った方でだったでしょう。

でも、この人の視点は、地球儀を見ているような視点ではありますね。そういうところが、勝海舟《かつかいしゅう》などにも移ったのかもしれません。地球儀を持ち出してくるようなところにね。

酒井　なるほど。

大川隆法　まだ、少し、何かミステリーが残る人ではありますが……。

酒井　「単なる明治維新のレベルの人ではなかった」ということですね。

大川隆法　この人は、おそらく国際人です。まだ、正体は、全部は分かりません。「明治維新の一角が見えた」ということですね。

酒井　はい。それでは、本日は、まことにありがとうございました。

あとがき

横井小楠の考えに依拠《いきょ》すれば、「核武装だな。これができなかったら、絶対に植民地になる。日本は中国の植民地になって、アメリカに対する不沈空母・防波堤になり、日本を舞台にアメリカと戦わなければならなくなる。」という。朝日新聞の論説委員や、NHKの解説委員には、果たして横井小楠より俊才《しゅんさい》がいるのだろうか。

私たち、「幸福の科学」、「幸福実現党」の使命は、「正義とは何か」を考え続け、未来に対して責任を持つことだろう。

「唯物論の神が全盛を誇っている」と信じて、唯物論信仰に走る日本人たちに、「唯物論信仰は、一種の邪教だ。」という私たちの声が届くか。正義は果たしてどちらの側にあるか。答えは「世界の設計」にかかわる者が出すしかあるまい。十月公開予定の映画『神秘の法』（大川隆法製作総指揮）も考えの材料にしてほしいものだ。

二〇一二年　九月十日

幸福《こうふく》の科学《かがく》グループ創始者兼総裁《そうししゃけんそうさい》　大川隆法《おおかわりゅうほう》

『横井小楠　日本と世界の「正義」を語る』大川隆法著作関連書籍

『佐久間象山　弱腰日本に檄を飛ばす』（幸福実現党刊）
『橋本左内、平成日本を啓発す』（同右）
『世界皇帝をめざす男』（同右）
『今上天皇・元首の本心　守護霊メッセージ』（幸福の科学出版刊）

横井小楠《よこいしょうなん》 日本《にほん》と世界《せかい》の「正義《せいぎ》」を語《かた》る

――起死回生の国家戦略――

2012年9月27日　初版第1刷

著　者　　大川《おおかわ》隆法《りゅうほう》

発　行　　幸福実現党

〒107-0052 東京都港区赤坂2丁目10番8号

TEL(03)6441-0754

発　売　　幸福の科学出版株式会社

〒107-0052 東京都港区赤坂2丁目10番14号

TEL(03)5573-7700

http://www.irhpress.co.jp/

印刷・製本　株式会社 堀内印刷所

落丁・乱丁本はおとりかえいたします

ISBN978-4-86395-243-0 C0030

イラスト: ©Oculo - Fotolia.com

大川隆法ベストセラーズ・日本の政治を立て直す

橋本左内、平成日本を啓発す
稚心を去れ!

安逸を貪る日本人よ、志を忘れていないか。国防危機が現実化しても、毅然とした態度を示せない日本を、明治維新の先駆者が一喝!
【幸福実現党刊】

1,400円

佐久間象山
弱腰日本に檄を飛ばす

国防、財政再建の方法、日本が大発展する思想とは。明治維新の指導者・佐久間象山が、窮地の日本を大逆転させる秘策を語る!
【幸福実現党刊】

1,400円

公開霊言
天才軍略家・源義経なら
現代日本の政治をどう見るか

先の見えない政局、続出する国防危機……。現代日本の危機を、天才軍事戦略家はどう見るのか? また、源義経の転生も明らかに。
【幸福実現党刊】

1,400円

幸福の科学出版

※表示価格は本体価格(税別)です。

大川隆法ベストセラーズ・世界の指導者シリーズ

ロシア・プーチン 新大統領と帝国の未来

守護霊インタヴュー

中国が覇権主義を拡大させるなか、ロシアはどんな国家戦略をとるのか!? また、親日家プーチン氏の意外な過去世も明らかに。

【幸福実現党刊】

1,300円

韓国 李明博大統領のスピリチュアル・メッセージ

半島の統一と日韓の未来

ミサイル発射、核開発——。暴走する北朝鮮を、韓国はどう考えているのか。大統領守護霊が韓国の外交戦略などを語る。

【幸福実現党刊】

1,300円

北朝鮮 —終わりの始まり—

霊的真実の衝撃

「公開霊言」で明らかになった北朝鮮の真実。金正日が自らの死亡前後の状態を、後継者・金正恩の守護霊が今後の野望を語る。

【幸福実現党刊】

1,300円

※表示価格は本体価格(税別)です。

大川隆法 ベストセラーズ・世界の指導者シリーズ

ヒラリー・クリントンの政治外交リーディング

同盟国から見た日本外交の問題点

竹島、尖閣と続発する日本の領土問題……。国防意識なき同盟国をアメリカはどう見ているのか？　クリントン国務長官の本心に迫る！

【幸福実現党刊】

1,400円

李克強 次期中国首相 本心インタビュー

世界征服戦略の真実

「尖閣問題の真相」から、日本に向けられた「核ミサイルの実態」、アメリカを孤立させる「世界戦略」まで。日本に対抗策はあるのか!?

【幸福実現党刊】

1,400円

イラン大統領vs.イスラエル首相

中東の核戦争は回避できるのか

世界が注視するイランとイスラエルの対立。それぞれのトップの守護霊が、緊迫する中東問題の核心を赤裸々に語る。

【幸福実現党刊】

1,400円

大川隆法 ベストセラーズ・神秘の扉が開く

神秘の法

次元の壁を超えて

2012年10月6日
ロードショー

この世とあの世を貫く秘密を解き明かし、あなたに限界突破の力を与える書。この真実を知ったとき、底知れぬパワーが湧いてくる！

1,800円

公式ガイドブック①
映画「神秘の法」が明かす近未来シナリオ

［監修］大川隆法

この世界は目に見える世界だけではない。映画「神秘の法」に込めた願いが熱く語られる、近未来予言映画第2弾の公式ガイドブック。

1,000円